그림으로 보는
신라 역사 1

글 | 최수복

대학에서 불어불문학을 공부하였으며 오랫동안 출판사에서 일하며 어린이책을 만들었습니다.
〈하늘나라 채소밭〉으로 창작 동화 공모에서 수상했고, 서울여성백일장에서 산문 〈소포〉가
당선되었습니다. 지은 책으로는 《우주에서 온 아이》《도시로 떠난 알베르트》 등이 있습니다.

그림 | 이영훈

중앙대학교에서 서양화를 공부했고, 출판과 광고 및 패키지 디자인 등 다양한 일러스트 작업을
하고 있습니다. 그린 책으로는 《안나 파블로바》《테레사》《제인 구달》《코코 샤넬》《슈바이처》
《설악산의 꽃》《다람쥐》〈타임캡슐 우리 역사〉 등이 있습니다.

감수 | 윤선태

서울대학교 국사학과를 졸업하고, 같은 학교 대학원에서 한국 고대사를 전공하여 박사 학위를 받았습니다.
충남대학교, 한신대학교를 거쳐 지금은 동국대학교 사범대학 역사교육과 교수로 있습니다.
지은 책으로는 《목간이 들려주는 백제 이야기》《한국 고대 중세고문서 연구》(공저) 등이 있습니다.

그림으로 보는
신라 역사 1

글 최수복 | 그림 이영훈

여원◆l디어

차 례

신라의 건국

여섯 마을을 이루다 10

첫 임금, 박혁거세 12

유리가 떡을 깨물어 임금이 되다 14

여섯 부로 바꾸고 벼슬을 정하다 16

쇠를 다루는 기술로 힘을 기른 석탈해 18

김씨 임금의 시조, 김알지 20

이사금 시대, 성장하는 신라

땅을 넓혀 나가다 22

왜를 물리치다 24

김씨가 처음으로 임금이 되다 26

마립간 시대, 고대 국가의 완성

나라의 기틀을 다진 내물 마립간 28

고구려에 도움을 청하다 30

이번에는 백제와 손을 잡다 32

성을 쌓고 도읍을 새로 꾸미다 34

역과 시장이 생기다 36

■ 신라 역사 연표 38

여섯 마을을 이루다

아주 오래 전의 일입니다. 고조선이 망하자 유민들은 살 곳을 찾아 이리저리 떠났어요. 그 가운데 일부는 남쪽으로 내려와서 지금의 경상북도 경주평야에 이르렀어요. 유민들은 너른 경주 벌판에 흩어져 여섯 마을을 이루며 살았습니다.
하루는 고허촌장 소벌공이 양산 기슭에 있는 우물인 나정에 이르렀을 때였어요. 하얀 말이 무릎을 꿇고 울고 있는 게 아니겠어요! 얼른 가 보았더니 말은 온데간데없고 그 자리에 커다란 알이 놓여 있었지요. 깨뜨려 보니 갓난아기가 나와서 소벌공이 데려다 키웠습니다.

금산 가리촌(한기부)

취산 진지촌(본피부)

경주 벌판의 여섯 마을
경주는 형산강을 따라 너른 들판이 펼쳐져 있고, 산으로 둘러싸여 적의 침입을 막기에도 좋았어요. 고조선의 유민들은 쇠로 만든 무기를 가지고 내려와 원래부터 살던 사람들을 아우르고 이곳에 자리를 잡았어요.

첫 임금, 박혁거세

그 사이에 마을은 점점 커지고 백성들도 늘어났습니다.
갓난아기가 늠름하게 자라나 열세 살이 되던 해였어요.
여섯 마을 사람들은 아이의 출생이 특이하여 높이 받들어 모시다가,
마침내 기원전 57년에 임금으로 모시고 나라를 세웠지요.
나라 이름은 '서라벌'이라 불렀어요.
첫 임금, 박혁거세는 궁궐을 짓고 살며 백성들을 보살피다가
나라를 다스린 지 61년 만에 세상을 떠났습니다.

박씨가 임금이 되다
박처럼 생긴 큰 알에서 나왔다 하여 성을 '박' 씨로 하였어요.
여섯 마을 촌장이 의논하여 임금으로 뽑았지요. 첫 임금인 혁거세를
'거서간'이라 불렀는데, 한 집단을 대표하는 사람, 즉 임금을 뜻하지요.

아직은 진한 땅의 작은 나라

서라벌이 세워지기 전 한반도 남쪽에는 마한, 변한, 진한이 있었고, 진한 땅에는 작은 나라가 열두 개나 있었어요. 그 가운데 하나인 서라벌은 지금의 경주 지방에 있었는데, '사로국'이라고도 불렀어요. 나중에 세력이 커지자 '신라'로 고쳐 불렀답니다.

유리가 떡을 깨물어 임금이 되다

뒤이어 맏아들 남해가 임금이 되었습니다. 남해 임금은 '차차웅'이라 불렸어요.
남해 차차웅은 석탈해가 현명하다는 말을 듣고 사위로 삼고 높은 벼슬에 앉혔어요.
남해 차차웅이 죽자 유리 왕자는 덕 있는 석탈해에게 왕위를 미루었습니다.
석탈해는 사양하며 말했습니다.
"지혜 있는 사람일수록 이가 많다고 합니다.
떡을 깨물어 잇자국이 많은 사람이 임금이 되는 게 어떻겠습니까?"
결국 잇자국이 더 많은 유리가 임금에 오르고, 석탈해는 변함없이 나랏일을
돌보았습니다. 이때부터는 임금을 '이사금'이라 불렀습니다.

임금 이름이 제각각

신라에서는 임금의 역할에 따라 이름을 달리 불렀어요.
거서간, 차차웅, 이사금, 마립간으로 부르다가 나라가 훨씬
커진 뒤 중국의 제도를 받아들여 왕이라는 호칭을 썼어요.

거서간 진한 말로 임금이란 뜻이에요.
차차웅 제사장을 뜻해요. 임금은 하늘에 제사를 지내고
하늘의 뜻을 받들어 백성을 다스리는 사람이라
여겨 차차웅이라 불렀어요.
이사금 잇자국이 많은 사람, 즉 나이 든 사람을 말해요.
나이 든 사람은 경험이 많고 지혜가 뛰어나다고
여겼지요. 임금이란 말도 이사금에서 비롯되었어요.
마립간 임금의 힘이 매우 커지자, 으뜸가는 임금이라는
뜻에서 마립간이라 불렀어요.

유리 이사금의 즉위식
박씨인 유리가 석씨인 석탈해를 제치고 세 번째 임금이 되었어요.
유리 이사금은 시조인 박혁거세의 무덤에서 즉위식을 올렸어요.

여섯 부로 바꾸고 벼슬을 정하다

유리 이사금은 나랏일을 하나씩 손보기 시작했습니다. 6부의 이름을 양부, 사량부, 점량부, 본피부, 한기부, 습비부라 바꿔 불렀어요. 그리고 나랏일을 도울 사람을 많이 뽑아 벼슬을 정했지요.
"여섯 부에 사는 부녀자들을 두 편으로 나누어 베 짜기 시합을 시켜라."
이렇듯 유리 이사금은 백성들이 열심히 일하도록 힘을 돋우고 가난한 백성들을 돌보아 주었습니다. 그리고 자신이 죽으면 반드시 석탈해가 왕위를 잇도록 단단히 일러두었습니다.

추석의 시작은 가배에서

길쌈 시합을 하고 춤과 노래를 즐기는 모든 과정을 '가배'라고 불렀어요. 보름을 뜻하는 '가배'는 '가위'로 바뀌었어요. 가배의 마지막 날인 8월 15일은 큰 가위, '한가위'라고 했어요. 나중에 우리 민족의 가장 큰 명절이 되는 한가위, 즉 추석의 유래가 되었지요.

한 달 동안 계속된 길쌈 시합
여섯 부의 부녀자들을 두 편으로 나누어,
7월 16일부터 날마다 길쌈을 하게 했어요.
8월 15일에 어느 편이 많이 짰는지 내기했지요.
진 편이 맛있는 음식과 술을 마련해
이긴 편을 대접했어요.

쇠를 다루는 기술로 힘을 기른 석탈해

유리 이사금의 뒤를 이은 석탈해는 62세 할아버지가 되어서야 임금이 되었습니다. 박씨에 이어 석씨가 왕권을 잡은 것입니다.
석탈해는 왜의 동북쪽에 있던 다파나국의 왕자로, 큰 알에서 태어났어요. 배를 타고 서라벌로 들어왔는데, 쇠를 잘 다루는 특별한 기술이 있었어요. 그래서 쇠로 만든 무기를 가지고 힘을 키울 수 있었습니다.
탈해 이사금은 백제가 와산성과 구양성을 공격해 오자, 기병 2천 명을 보내어 물리쳤어요. 그리고 황산진(낙동강) 가까이에서 가야 병사도 물리쳐 크게 이겼습니다.

철기를 만드는 대장간
석탈해가 처음으로 철기를 들여온 것은 아니에요. 고조선에서 내려온 사람들이 철기를 앞세워 경주 지방의 토착민을 아우르고 여섯 마을을 이루었던 거예요.
석탈해도 동해안 지역으로 들어온 새 집단으로, 쇠를 다루는 기술을 가지고 있었어요. 석탈해는 스스로를 대장장이의 후손이라고 불렀어요. 대장간마다 쇠를 녹이고 두드려 농기구나 무기를 만드는 소리가 요란했지요.

김씨 임금의 시조, 김알지

탈해 이사금과 호공이란 신하가 밤새워 나랏일을 의논할 때였습니다.
서쪽 계림 숲에서 닭 울음소리가 들려왔어요.
새벽녘에 호공이 가 보니 나뭇가지에 황금 궤짝이 걸려 있고, 그 아래에서
흰닭이 울고 있었습니다. 얼른 탈해 이사금에게 보고하자, 탈해 이사금이
사람을 시켜 궤짝을 가져오게 했어요. 열어 보니 사내아이가 있지 않겠어요!
"오호라, 하늘이 내게 보낸 아들이로다."
탈해 이사금은 기뻐하며 아이를 거두어 길렀습니다. 자라면서 총명하고 지혜로워
이름을 '알지'라 짓고 금(金) 궤짝에서 나왔다 하여 성을 '김(金)'이라 했습니다.
이 아이가 김씨 임금의 시조가 되는 김알지입니다.

새롭게 등장한 김씨 세력
김씨 세력은 박씨, 석씨 세력보다 가장 늦게 서라벌에 들어왔어요.
하지만 꾸준히 힘을 길러 나중에는 김씨가 임금 자리를 다 차지하다시피 했어요.
계림은 김알지가 탄생한 숲이라 하여 왕실에서 매우 신성하게 여겼어요.

이사금 시대, 성장하는 신라

신라의 궁궐인 월성
월성은 왕이 지낸 궁궐이에요. 성의 모양이 초승달처럼 생겼다 하여 신월성이라고도 불렀어요. 동·서·북쪽에 흙과 돌로 성을 쌓았고, 남쪽은 절벽 그대로 두었어요. 성벽 아래로는 물이 흐르도록 만든 해자가 있었어요. 월성은 신라가 망할 때까지 800년간 줄곧 도성이었어요.

땅을 넓혀 나가다

사로국은 이제 바깥으로 세력을 펼치기 시작했습니다.
5대 파사 이사금은 적의 침입을 막을 성을 쌓는가 하면,
좀 더 안전한 곳으로 궁궐을 옮겼어요.
그리고 여섯 부의 군사들을 불러 모아 전쟁에 나섰습니다.
파사 이사금과 뒤를 이은 여러 이사금들은 지금의 동해안과 낙동강
지역의 나라들을 전부 손에 넣었어요. 새로 정복한 나라들은
그 땅에서 나는 생산물을 갖다 바치고 사로국을 우두머리 나라로
섬겼습니다.

점점 커지는 나라

힘을 키운 서라벌이 주변 나라들을 차례차례 정복하여 나라를 넓혀 갔어요. 낙동강 지역에서 가장 힘이 센 나라로 성장한 것이지요.

왜를 물리치다

사로국은 고구려나 왜와도 맞서 싸웠습니다. 233년 조분 이사금 때입니다.
왜군은 동쪽 바다를 건너 쉴 새 없이 쳐들어왔습니다.
석우로 장군은 왜군을 물리칠 꾀를 냈어요. 장군은 군사들에게 명령했습니다.
"바람이 왜군 쪽으로 불기를 기다려서 불을 놓아라!"
그러자 왜군의 배는 모조리 불에 타 버렸고, 왜군들도 모두 물에 빠져 죽었습니다.
힘센 고구려가 쳐들어왔을 때도 석우로 장군은 용감하게 맞서 싸웠어요.
석우로처럼 든든한 장수가 버티고 있어 사로국은 커 나갈 수 있었습니다.

이웃 나라의 침입을 잘 막아 낸 사로국
사로국은 이때까지 나라 힘이 약했어요.
그러나 고구려와 백제는 이미 탄탄한 나라를 이루고
땅을 넓히려고 사로국을 공격했어요. 게다가 바다
건너에서는 왜가 끈질기게 쳐들어왔어요.
사로국은 침착하게 잘 막아 내었어요.

말 한마디 잘못해서 죽은 석우로

첨해 이사금 때 사로국에 온 왜의 사신에게 석우로는 "당신의 왕을 소금 만드는 노비로 삼고, 왕비는 밥 짓는 사람으로 삼겠다."고 농담으로 말했어요. 그 말을 전해 들은 왜왕은 화가 나서 사로국을 공격했지요. 석우로는 나라를 구하려고 직접 왜군의 진영으로 가서 사과했지만 사로잡혀 불에 타서 죽고 말았어요.

박혁거세의 사당에 제사 지내는 미추 이사금
첨해 이사금에게 아들이 없어, 사위이자 김씨인 미추 이사금이 임금이 되었어요. 김알지의 후손들은 계림을 중심으로 꾸준히 힘을 키워 오다 마침내 임금 자리에 오르게 된 것이지요. 그리고 내물 마립간 뒤부터는 계속 임금 자리를 독차지했어요.

김씨가 처음으로 임금이 되다

262년 김알지의 후손이 임금이 되었습니다. 바로 13대 미추 이사금입니다. 미추 이사금은 백성들을 아끼고 잘 돌보았어요. 어느 날, 신하들이 궁궐을 크게 짓자고 했습니다. 미추 이사금은 고개를 저었어요.
"먹고살기도 힘든 백성들에게 궁궐을 지으라고 할 수는 없소."
그 무렵 백제가 여러 차례 공격해 왔어요. 미추 이사금은 결코 물러서지 않고 군대를 보내 다 막아 내었습니다. 284년 미추 이사금은 봄에 서쪽 지방의 여러 성을 돌며 백성들의 살림을 살펴보았습니다. 이렇듯 백성을 위하는 미추 이사금은 두고두고 존경 받는 임금이 되었지요.

박씨, 석씨, 김씨가 번갈아 임금이 되다

석탈해 이사금을 빼고는 박혁거세 거서간부터 8대 아달라 이사금에 이르기까지 '박씨 임금 시대'였어요. 9대 벌휴 이사금부터 16대 흘해 이사금까지는 '석씨 임금 시대'입니다. 17대 내물 마립간이 임금이 되면서 이제 '김씨 임금 시대'가 활짝 열렸어요.

마립간 시대, 고대 국가의 완성

점점 커진 신라의 무덤
마립간이라 불리던 임금부터는 예전보다 힘이 아주 세졌지요. 마립간들은 백성들을 동원하여 커다란 무덤을 만들어 자신의 힘을 자랑했어요. 무덤 안에 금관, 신발, 팔찌, 귀걸이, 허리띠, 목걸이 등 화려하고 진귀한 껴묻거리들을 함께 묻었지요.

나라의 기틀을 다진 내물 마립간

이사금 시대를 거치면서 사로국은 진한에서 가장 힘센 나라로 발돋움했습니다. 17대 내물 마립간 때에는 진한 땅 거의 대부분을 정복하여 다스리게 되었지요. 사로국의 임금은 이제 '마립간'이라고 불렸어요. '가장 힘센 우두머리'라는 뜻입니다. 나머지 다섯 부를 누를 만큼 힘이 세지자, 내물 마립간은 지방 세력들을 다스리는 데 힘썼지요. 지방의 우두머리들을 왕경에 살게 하며 감시했어요. 나라가 커지고 힘도 생기자, 382년 중국의 전진에 처음으로 사신을 보냈습니다. 자신감을 갖고 큰 나라와 교류를 하며 문물을 받아들이기 시작한 것입니다. 사로국은 이때부터 줄곧 김씨가 임금이 되어 나라의 힘을 한데 모을 수 있었습니다.

※《삼국사기》에는 내물 이사금이라 기록되어 있으나, 여기서는 《삼국유사》를 따라 내물 마립간이라 했습니다. 이때부터 이사금보다 정치적으로 더욱 강해진 힘을 바탕으로 김씨가 임금 자리를 이어 갔고, 신라가 눈부시도록 빠르게 발전했기 때문입니다.

6부 족장 회의

여섯 개 부를 다스린 우두머리들은 임금과 함께 나라의 중요한 일을 결정했지요. 임금의 힘이 커지기는 했지만 나랏일을 맘대로 결정하지는 못하고 회의에 참석한 사람 모두가 만장일치로 뜻을 모아 나랏일을 결정했어요.

고구려에 도움을 청하다

이 시기에 고구려와 백제는 이미 튼튼한 나라를 이루고 서로 힘을 겨루었습니다.
아직 힘이 약한 사로국은 고구려와 사이좋게 지냈어요.
그러던 중 399년 백제와 가야, 왜가 손잡고 공격해 오는 바람에 궁궐까지 위험해졌습니다.
당황한 내물 마립간은 고구려에 급히 도움을 청했어요. 다음 해 고구려의 광개토 대왕은
5만 명의 군대를 보내 왜를 물리쳐 주었습니다. 그 뒤로 고구려 군대는 사로국 땅에 머물며
나랏일에 간섭했습니다. 왕족인 실성을 인질로 데려가더니,
아예 임금까지 바꾸려 하였지요.

거세게 밀려드는 백제와 왜
왜의 침략으로 고통 받던 신라는 고구려에게 도움을 청했어요.
고구려는 5만 명의 군대를 보내 왜군을 물리쳐 주었지요.

이번에는 백제와 손을 잡다

볼모로 가 있던 왕자 실성은 고구려에서 돌아와 18대 임금 자리에 올랐습니다.
그러나 고구려의 도움을 받은 눌지 왕자에게 죽임을 당하고 말았어요. 19대 임금이
된 눌지 마립간은 언제든지 고구려에 의해 임금 자리를 잃을 수 있는 처지였어요.
그래서 하루빨리 고구려의 손아귀에서 벗어나고 싶었지요.
먼저 고구려와 왜에 볼모로 가 있는 두 동생, 복호와 미사흔을 구해 냈습니다.
모두 지혜롭고 용감한 신하 박제상이 해낸 일이지요.
그리고 433년 백제와 동맹을 맺어 위급할 때 서로 돕기로 약속했습니다.
얼마 뒤 고구려가 공격해 오자 백제와 힘을 합쳐 물리쳤습니다.
이제 눌지 마립간은 고구려의 간섭을 당당히 물리칠 수 있었지요.

복호와 미사흔을 구한 박제상

눌지 마립간은 볼모로 잡힌 동생들을
구하고 싶었어요. 박제상이 지혜롭고
용감하다는 이야기를 들었지요. 박제상은
눌지 마립간의 명령을 받고 먼저
고구려에 가서 복호를 구했어요. 이어
왜에 가서 미사흔을 구했지요. 하지만
박제상은 왜왕에게 죽임을 당했어요.

신라와 백제의 동맹 관계
신라와 백제는 누구라도 고구려에게 공격을 받으면 다른 한 나라가
도와주기로 약속을 했어요. 이것을 '나·제 동맹'이라고 부릅니다.
고구려의 장수왕은 영토를 넓히기 위해 남쪽으로 밀고 내려왔어요.
455년 고구려가 백제를 침입하자 신라가 군대를 보내 백제를 구했어요.

성을 쌓고 도읍을 새로 꾸미다

사로국은 고구려와 왜가 언제 쳐들어올지 늘 불안했습니다. 20대 자비 마립간은 삼년산성과 모로성을 새로 쌓고 명활산성을 고쳤어요. 또 적이 쳐들어올 길목에 성을 여러 개 쌓았어요. 많은 백성들을 동원하여 아주 튼튼하게 쌓았지요.
군사들은 성을 지키며 적을 잘 막았습니다.
사로국은 영토가 넓어져 도읍인 금성에 사는 백성들이 크게 늘어났습니다.
금성은 임금이 사는 곳이라 하여 '왕경'이라고 불렸지요. 자비 마립간은 왕경의 범위를 정하고, 동네마다 이름을 붙였습니다. 이렇게 하니 나라를 다스리기 한결 쉬워졌고, 백성들은 훨씬 살기 좋아졌습니다.

3년이나 쌓은 삼년산성
470년부터 자비 마립간이 북쪽의 국경을 방어하기 위해 정성 들여 쌓은 산성이에요. 3년 동안 쌓았다 하여 삼년산성이라 불렀습니다. 성벽의 높이는 지형에 따라 다른데, 대략 낮은 곳은 13m, 높은 곳은 20m나 되어 누구도 오르지 못하도록 했어요.

역과 시장이 생기다

21대 소지 마립간 때에는 왕경과 지방을 잇는 길을 고치고 새로 닦았습니다. 또 큰길 곳곳마다 역을 만들고 말을 길렀어요. 관리들은 말을 갈아타고 먼 지방까지 발 빠르게 임금의 명령을 전할 수 있었습니다.
길이 반듯하게 닦이자, 지방에서 세금을 거둬들이고 전쟁에 나갈 군사를 불러 모으는 일도 더 쉬워졌지요. 지방의 물건들은 소나 말이 끄는 수레에 실려 자주 왕경으로 올라왔습니다. 자연스레 물건을 사고팔 수 있는 시장이 필요했지요. 490년 나라에서 처음으로 왕경에 시장을 열어 보다 많은 물건을 한곳에서 거래할 수 있도록 도왔어요. 왕경은 갖가지 물건들로 가득 차고 사람들도 활기에 넘쳤습니다.

처음으로 문을 연 시장
소지 마립간이 왕경에 처음으로 시장을 열자 사람들로 북적거렸어요. 바로 동시입니다. 지증 마립간은 동시에서 일어나는 일을 관리하고 감시하는 관청인 동시전을 세웠어요. 이즈음까지는 돈이 아직 없어 시장에서 물건을 사고팔 때 옷감을 교환 수단으로 썼어요. 백성들도 직접 짠 옷감을 가지고 나와 필요한 물건과 바꾸었어요.

신라 역사 연표

신라 갑옷
신라 초기의 철로 만든 갑옷이다.

기원전 57년
박혁거세의 서라벌 건국.

57년
석탈해가 왕위에 오름.

101년
파사 이사금, 금성에서 월성으로 옮겨 옴.

233년
석우로가 왜를 물리침.

262년
미추 이사금이 왕위에 오름.

나정
박혁거세의 알이 발견된 우물인데, 우물은 생명을 상징한다.

월성
파사 이사금 때 지은 궁궐로 지금은 그 터만 남아 있다.

기원전 100년 **기원후 100년** **200년**

금관총 목걸이
남색의 유리 구슬을 꿰어 만든 목걸이이다.

356년
내물 마립간 즉위.

433년
나제 동맹.

382년
내물 마립간, 중국 전진으로 사신을 보냄.

400년
내물 마립간, 고구려의 도움을 받아 백제와 왜, 가야의 연합군을 물리침.

490년
서라벌에 최초의 시장을 만듦.

300년

400년

신라 사신의 모습
중국 사람 염립본이 그린 그림으로 신라 사신의 모습을 알 수 있다.

황남대총 북분 금관
신라 귀족 부인의 무덤에서 발견된 금관이다.

■■ 사진 출처 및 제공처

표지·연표 황남대총 북분 금관_국립경주박물관(경박 200710-150)·《신라 황금》, 국립경주박물관, 2001 |
나정_시몽포토 | 신라 갑옷_국립경주박물관(경박 200801-004)·《고고관》, 국립경주박물관, 2002 | 월성_연합뉴스 |
신라 사신_대만고궁박물원 | 금관총 목걸이_국립중앙박물관(경박 200801-001)·《고고관》, 국립경주박물관, 2002

※ 이 책에 사용한 모든 자료의 출처를 밝히기 위해 최선을 다했습니다. 빠지거나 잘못된 점을 알려 주시면 바로잡겠습니다.

■■ 일러두기

· 《삼국사기》 본기의 내용을 따랐습니다. 그래서 같은 내용이 《삼국유사》와 다를 수 있습니다.
· 맞춤법, 띄어쓰기는 국립국어연구원에서 펴낸 《표준국어대사전》을 기준으로 삼았습니다.
· 외국 인명, 지명은 국립국어연구원에서 펴낸 《외래어 표기 용례집》을 따랐습니다. 단, 중국 지명은 현지음에 따랐습니다.
· 역사 용어는 교육인적자원부에서 펴낸 《교과서 편수자료》에 따르되, 어려운 용어는 쉽게 풀어 썼습니다.
· 옛 지명은 ( ) 안에 현재 지명을 함께 적었습니다.
· 연도나 월은 1895년 태양력 사용을 기점으로 이전은 음력으로, 이후는 양력으로 표기했습니다.

탄탄 뿌리깊은 삼국사기 그림으로 보는 신라 역사 1

펴낸이 김동휘 | 펴낸곳 여원미디어(주) | 주소 경기도 파주시 회동길 130(문발동) 탄탄스토리하우스
출판등록 제406-2009-0000032호 | 고객상담실 080-523-4077 | 홈페이지 www.tantani.com
글 최수복 | 그림 이영훈 | 감수 윤선태 | 기획 아우라, 이상임 | 총괄책임 김수현 | 편집장 이정희 | 기획 편집 최순영, 김희선
디자인기획 여는 | 아트디렉터 김혜경, 이경수 | 디자인 이희숙, 정혜란, 김윤신 | 사진진행 시몽 포토에이전시
제작책임 정원성

판매처 한국가드너(주) | 마케팅 김미영, 오영남, 전은정, 김명희, 이정희

ⓒ여원미디어 2008 ISBN 978-89-6168-178-0 ISBN 978-89-6168-209-1(세트)

※이 책은 저작권법에 따라 보호받는 저작물이므로, 무단으로 이 책 내용의 전부 또는 일부를 복사, 복제, 배포하거나 전산장치에 저장할 수 없습니다.
⚠ 주의 1. 책 모서리가 날카로워 다칠 수 있으니 사람을 향해 던지거나 떨어뜨리지 마십시오. 2. 보관 시 직사광선이나 습기 찬 곳은 피해 주십시오.